EL LIBRO DE MIS 8 AÑOS

LAROUSSE

Edición
Emili López Tossas

Redacción
Roser Ruiz Lagunas

Ilustración
Judit Frigola Fontacaba

Corrección
Alexandra Gil García

Diseño y maquetación
Jorge Torvisco González

© **LAROUSSE EDITORIAL, S. L., 2025**
Bac de Roda, 64, 1.ª planta, local B — 08019 Barcelona
www.larousse.es
clientes@grupoanaya.com

Primera edición: mayo 2025
ISBN: 979-13-87520-24-3
Depósito legal: B-4046-2025
1E1I

PAPEL DE FIBRA
CERTIFICADO

¡ADELANTE CON EL OCHO!

¡Qué emoción! ¡Ya tienes ocho años!

Ahora el mundo parece aún más grande, lleno de cosas por descubrir. En este libro, vas a encontrar un montón de temáticas que te ayudarán a explorar todo lo que te rodea, desde increíbles inventos que cambiaron el mundo hasta datos sorprendentes sobre el universo que nos rodea.

También encontrarás actividades y pasatiempos divertidos, en los que podrás poner a prueba tu ingenio. Por supuesto, crecer es maravilloso, pero hacerlo con información y diversión es todavía mejor.

¡Estás a punto de empezar un viaje de exploración lleno de sorpresas!

Ya somos mayores y ya sabemos que este ocho estirado quiere decir «infinito»...

SUMARIO

Capítulo 1

¡DESCUBRE EL MUNDO!

Sí, descubre lo difícil que es para mí beber agua... ¡siempre **desparrancado**!

LOS 8 PLANETAS DEL SISTEMA SOLAR

¿Alguna vez te has preguntado qué hay más allá de nuestro hogar, la Tierra? El sistema solar está lleno de maravillas, ¡y sus ocho planetas son auténticos viajeros del espacio! Cada uno tiene características sorprendentes: desde el calor abrasador de Venus hasta los fríos rincones de Neptuno, todos tienen una historia que contar. ¡Prepárate para un viaje alucinante por el cosmos!

1 MERCURIO

Es el planeta más cercano al Sol y el más pequeño. Tiene temperaturas extremas, muy calientes durante el día y frías de noche. No tiene atmósfera, por lo que **su superficie está llena de cráteres.**

VENUS 2

Con un tamaño parecido a la Tierra, es el planeta más caluroso. Su atmósfera está compuesta de gases venenosos y nubes gruesas. Llamado **el lucero del alba**, se observa muy brillante en el firmamento nocturno.

3 TIERRA

Nuestro planeta es el único que alberga vida. Llamado **el planeta azul,** tiene agua, aire y una atmósfera que nos protege del Sol. Sus paisajes son muy variados: océanos, montañas, bosques y desiertos.

¡El lucero del alba junto a la Luna!

¡Levantarse pronto tiene sus cosas buenas! Qué bonito...

> Hace frío en Marte, pero tengo tanto trabajo que sudo un montón.

MARTE (4)

Conocido como **el planeta rojo** por su color, causado por el óxido de su superficie. Es frío y seco, pero en el pasado tuvo agua, con ríos y lagos. Naves robotizadas intentan saber si hubo allí vida, y en el futuro podrían explorarlo los astronautas y se podría construir una base científica.

URANO (7)

Es un **planeta helado que gira de lado,** lo que lo hace muy extraño. Está compuesto principalmente de agua y dos gases, amoníaco y metano. Tiene unos anillos poco visibles y, de tan lejano, ya no se puede ver a simple vista.

NEPTUNO (8)

Neptuno es **el planeta más lejano** del Sol y es de color azul intenso debido al gas metano en su atmósfera. Tiene fuertes vientos, los más rápidos del sistema solar, y una gran mancha oscura.

JÚPITER (5)

Júpiter es **el gigante del sistema solar.** Es el planeta más grande y está formado principalmente por gas. Tiene una enorme tormenta llamada la Gran Mancha Roja, que lleva más de 300 años activa. Además, tiene más de 70 lunas.

SATURNO (6)

Famoso por sus impresionantes anillos, formados por polvo y hielo, es un gigante gaseoso como Júpiter y ¡tiene más de 80 lunas! **Sus anillos lo hacen fascinante** cuando se observa en un telescopio.

> No es por nada, pero soy de lo más guapo del universo...

Plutón, un antiguo planeta

Hasta 2006 Plutón se consideró el noveno planeta del sistema solar, pero se vio que no cumplía con los requisitos necesarios para ser un planeta y se clasificó como planeta enano, junto con otros que hay en el sistema solar, como Eris, Ceres, Makemake o Haumea. ¡Suerte que lo quitaron, así hay ocho planetas, como tu edad!

8 FENÓMENOS FENOMENALES

¿Te has preguntado alguna vez qué sucede en el cielo? Los fenómenos atmosféricos son eventos sorprendentes que afectan a todo lo que nos rodea. Desde una tranquila lluvia hasta huracanes impresionantes, cada uno tiene su propio misterio. ¡Vamos a descubrirlos!

LLUVIA

La lluvia es uno de los fenómenos más comunes y necesarios. Cuando las **gotas de agua** se agrupan en las nubes y son lo suficientemente pesadas, caen en forma de lluvia. Es crucial para regar la vegetación y mantener ríos y lagos llenos de agua.

NEVADA

La nieve se forma cuando el vapor de agua en las nubes se congela y cae en forma de **cristales de hielo.** Las nevadas cubren paisajes de blanco, creando escenas invernales que tanto niños como adultos disfrutan.

ARCO IRIS

El arco iris aparece después de la lluvia, cuando **los rayos de sol atraviesan las gotas de agua** en el aire. La luz se descompone en varios colores, creando un hermoso arco lleno de tonalidades.
¡Es un fenómeno que llena de magia el cielo!

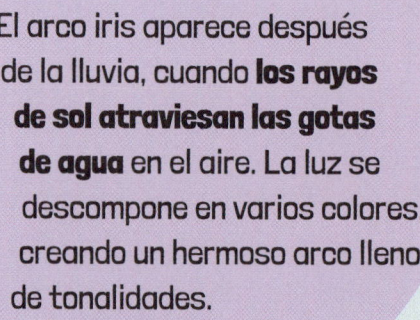

El arco iris nos anuncia que acaba la lluvia y aparece el sol.

VIENTO

El viento se forma cuando el aire se mueve debido a las **diferencias de temperatura y presión** en la atmósfera. Desde los más suaves hasta los más intensos, mueven las nubes y determinan el clima de los territorios.

La rosa de los vientos señala la procedencia de los ocho vientos principales. En el Mediterráneo se conocen con estos nombres: tramontana (norte, N), gregal (nordeste, NE), levante (este, E), siroco (sudeste, SE), ostro (sur, S), ábrego (suroeste, SO), poniente (oeste, O) y mistral (noroeste, NO).

NIEBLA

La niebla es como **una nube muy cerca del suelo.** Se forma cuando el aire se enfría y el agua se condensa en pequeñas gotas que flotan en el aire. La niebla reduce la visibilidad, pero también crea paisajes misteriosos y hermosos.

TORMENTA

Las tormentas son fenómenos que ocurren cuando el aire caliente y frío se encuentran. Este choque **genera rayos, truenos y lluvias intensas.** Son impresionantes, y así nos enseñan la fuerza de la naturaleza.

¡Cuidado! ¡El tornado está ya muy cerca!

HURACÁN

Es una **tormenta muy poderosa** que se forma en los océanos cálidos. Puede causar vientos muy intensos, lluvias torrenciales y olas gigantes. Los más potentes causan daños enormes y las poblaciones deben ser evacuadas de las zonas afectadas.

TORNADO

Fenómeno extraordinario de la naturaleza, se trata de un **embudo de aire que se inicia en una potente nube** y baja hasta tocar el suelo, con fuerte viento y gran poder destructivo. En Estados Unidos hay afición a fotografiarlos y seguirlos, a pesar del peligro que conlleva.

¡PÁSALO EN GRANDE!

¿Os habéis reunido varios amigos y no sabéis qué hacer? Aquí vienen unos juegos tan geniales que hasta vuestra imaginación podría dar saltos de alegría. ¡Que empiece la diversión en grupo!

Juegos en grupo

BÚSQUEDA DEL TESORO

Instrucciones: Esconde pequeñas sorpresas o premios en diferentes lugares de tu casa. Da pistas en forma de adivinanzas o acertijos que tus compañeros deben resolver para encontrar el siguiente lugar. El último premio puede ser algo especial.

CUENTOS EN CADENA

Instrucciones: Empieza contando una parte de una historia (por ejemplo, «Había una vez un dragón que vivía en un bosque misterioso...»). Luego, otro niño continúa la historia, añadiendo más detalles, y así sucesivamente. Podéis escribir la historia para leerla al final o solo contarla.

EL TELÉFONO ESTROPEADO

Instrucciones: Os sentáis en círculo. Uno comienza susurrando una frase al oído del que está a su lado (por ejemplo, «El perro tiene un lazo rojo»). Esa persona debe susurrar la misma frase a la siguiente, y así sucesivamente. El último dice en voz alta lo que escuchó, y todos comparan si la frase original se mantuvo igual. ¡Risas aseguradas!

¡EL 8 ES GENIAL!

Es el único que, cuando lo pones de lado, se convierte en un signo que significa «infinito» y es el número de patas de una araña. Vamos a descubrir cosas sorprendentes sobre este número.

No tengo principio ni final... ¡Increíble!

Reloj de horas infinitas

UN 8 «TUMBADO»

Los matemáticos expresan la **idea de infinito** con este signo: ∞. Es difícil pensar en algo sin final, sin límites, pero eso significa este signo, que no es un número como el 8.

¿UN INSECTO CON 8 PATAS?

Aunque muchos piensan que la araña es un insecto, en realidad no lo es. **¡Los insectos tienen seis patas y la araña ocho!**

UN 8 MUY MARINERO

El pulpo tiene ocho patas, ¡y con ellas puede nadar y hacer acrobacias bajo el agua!

¡QUE LA SUERTE NOS ACOMPAÑE!

En China, el 8 es el número favorito porque se dice que **trae prosperidad.**

¡MÚSICA, MAESTRO!

La **octava musical** es como un «superpoder» para las notas. Si empiezas a cantar una nota y subes 8 peldaños musicales, ¡vuelves a la misma nota, pero más aguda!

8 ANIMALES INCOMPARABLES

En las selvas y sabanas de África y Asia hay animales tan asombrosos que parecen salidos de un cuento de aventuras. Algunos son muy grandes, otros corren a toda velocidad, y hay otros que prefieren pasar el día descansando en el agua. ¿Te atreves a descubrir qué secretos esconden?

LEÓN

Es conocido como **el rey de la selva,** pero en realidad vive en la sabana africana, con vegetación menos tupida que la selvática. Con su melena dorada, se siente tan importante que se pasa el día descansando al sol, dejando que su rugido resuene por todos lados. Además, cuando vive en manada, son las leonas quienes se ocupan de cazar.

¡Ya esta ahí el guaperas peinándose!

El león descansa mientras la leona caza.

GACELA

La gacela es **la reina de la velocidad** en la sabana africana. Puede saltar y correr tan deprisa que parece que está volando por el aire. ¡Es una atleta natural! Cuando ve un peligro, se pone en marcha y desaparece a toda velocidad entre las hierbas.

CEBRA

La cebra es **famosa por sus rayas blancas y negras** que la hacen única. Vive en las praderas africanas y se mueve en grupos para protegerse de los depredadores. ¡Su estampado no solo es bonito, sino que le ayuda a camuflarse entre las plantas!

ELEFANTE

Es **el animal terrestre más grande,** y se encuentra en África y Asia. Con sus enormes orejas, su trompa y su gran tamaño, ¡es imposible no verlo! Aunque parece un poco torpe, es muy inteligente y tiene una memoria increíble. Y además los elefantes tienen una forma muy especial de comunicarse con otros elefantes, ya que lo hacen a través de sonidos y vibraciones.

TIGRE

Este felino es famoso por sus rayas naranjas y negras, y **es el mayor cazador de las selvas de Asia.** A pesar de su tamaño, es increíblemente sigiloso. ¡Puede moverse silenciosamente entre los árboles y camuflarse gracias a su pelaje! Garras, dientes y discreción: lo tiene todo para que no se le escape ni una presa.

HIPOPÓTAMO

Vive en el África austral y **pasa casi todo el día en el agua** para mantenerse fresco. Aunque parece lento y gordito, puede correr muy rápido. ¡Y lo más curioso es que su sudor es rosa! Este sudor especial lo protege del sol y de las bacterias. Cuando nada, parece un gran pez de barro, ¡y siempre está listo para sorprendernos!

Ya me gustaría veros a vosotros en este trance.

La jirafa come hojas de los árboles fácilmente, pero para beber del suelo lo pasa mal.

JIRAFA

Esta gigante de la sabana africana **tiene un cuello larguísimo,** que le permite alcanzar las hojas más altas de los árboles, pero tiene que ser muy cuidadosa al agacharse para beber agua.

ORANGUTÁN

Vive en las selvas de Borneo y Sumatra, en Asia, y le encanta pasar el día colgado de los árboles. Es un experto en saltar de una rama a otra, pero también se toma su tiempo para comer frutas y descansar. **Su cara siempre tiene una expresión curiosa,** como si estuviera buscando algo nuevo para aprender o algo delicioso para comer.

¡Los mares siempre han sido lugares llenos de aventuras y misterios!
Entre sus olas, los piratas buscaban tesoros escondidos y las sirenas
cantaban canciones mágicas.

MAR BÁLTICO

Rodeado por países como Suecia, Finlandia y Rusia, es **conocido por su agua fría,** pero lo más impresionante es que, en invierno, ¡se hiela! A pesar de su clima frío, el mar Báltico es un lugar lleno de vida marina y hermosos paisajes invernales, ¡perfecto para aventuras congeladas!

MAR DEL NORTE

Rodeado por países como Noruega, Dinamarca, Inglaterra y Escocia, tiene un carácter fuerte. Con sus aguas frías y sus olas, que a veces son un poco temperamentales, es **famoso por sus tormentas,** su rica vida marina y sus pozos petrolíferos.

MAR CARIBE

Situado entre América Central y las islas del Caribe, es **famoso por sus aguas cristalinas** y playas de arena blanca. Parece un paraíso en la Tierra en el que podrías nadar junto a tortugas y delfines. ¡Pero en el siglo XVII, piratas y bucaneros navegaban por estas aguas cometiendo fechorías y buscando tesoros!

Los ángeles éramos los responsables de todos los vientos...

NAVEGANDO

AMÉRICA DEL NORTE

EURO

¡A toda vela!

AMÉRICA DEL SUR

MAR ADRIÁTICO

Está entre Italia y los Balcanes. En la Antigüedad, hace 2 000 años, por allí pasaron comerciantes y marineros romanos, y por supuesto sus legiones a la conquista de territorios. Es **famoso por sus aguas tranquilas,** ideales para navegar o relajarse al sol.

Algunos mares tienen leyendas que se remontan a la noche de los tiempos, y otros esconden secretos bajo su agua cristalina. ¿Te atreves a navegar por ellos y descubrir todo lo que tienen para contar?

MAR AMARILLO

¡No te preocupes, no es amarillo como un plátano! **Su color se debe a las partículas de tierra que se mezclan con el agua.** Este mar, situado entre China y Corea, es muy importante para la pesca y tuvo un papel crucial en la historia de China, ya que muchos de sus emperadores se establecieron cerca de su costa.

MAR MUERTO

Entre Israel y Jordania, este pequeño mar **tiene tanta sal que es casi imposible hundirse en sus aguas,** ¡te mantiene flotando como un corcho! Se llama «muerto» porque debido a su alta salinidad, casi ningún pez puede habitar sus aguas, pero tienen propiedades especiales que cuidan la piel, como si fuera un spa natural.

MAR EGEO

En sus costas nació la civilización de la antigua Grecia, hace unos 2 800 años. Frontera actual entre Grecia y Turquía, cuenta la leyenda que es el lugar donde el viento sopla tan fuerte ¡que te da la sensación de estar navegando en un barco volador!

MAR ROJO

Separa África de Asia y, aunque no es realmente rojo, **sus aguas pueden verse de ese color debido a ciertas algas.** Es conocido por sus increíbles arrecifes de coral, ¡perfectos para explorar un mundo submarino lleno de colores!

¡EL 8 ES CHISTOSO!

El número 8 está lleno de sorpresas: aparece en el lenguaje cotidiano y en muchos aspectos de nuestra vida para hacernos reír, reflexionar y hasta enredarte la lengua. ¡Porque cuando el 8 aparece, siempre hay diversión asegurada!

Para reír

¿Qué le dice el 0 al 8?:
«¿Llevas un cinturón doble?».

El número 9 le dice al 8:
«Soy mayor que tú y siempre lo seré».

Entonces el 8 se tumba y contesta:
«¿Estás seguro de eso?».

¡Intenta decirlo muy rápido!

Ocho ochos en ocho hojas,
ocho hojas con ocho hoyos,
ocho hoyos en cada hoja,
y todos los ochos son muy flojos.

Para utilizar cuando te apetezca

«Y con esto y un bizcocho, hasta mañana a las 8»:
Puede significar que volveréis a veros a esa hora, pero también puedes emplearlo para despedirte de forma graciosa.

«Ser más chulo que un 8»:
Se dice de las personas que van por ahí dándose aires de grandeza y presumiendo.

«Dar a alguien lo mismo 8 que 80»:
Significa que a esa persona no le importa o no le afecta la diferencia entre dos cosas, aunque sean muy distintas.

«Tener más vueltas que un 8»:
Se usa para decir que algo tiene muchas complicaciones o que una situación es muy enrevesada, como el número 8, que tiene un giro continuo.

Capítulo 2

¡DÉJALOS PATIDIFUSOS!

¡Qué cosas dices! Ja, ja, ja... ¿Quieres decir que aquí cabe **todo el trigo del mundo**?

Quedarás patidifuso cuando lo sepas...

PERSONAS CÉLEBRES

La creatividad es la inteligencia divirtiéndose.

Muchas personas a lo largo de la historia han hecho cosas increíbles. Con esfuerzo, creatividad y pasión, han logrado cambios importantes en muchos campos. Estas personalidades célebres nos enseñan a seguir nuestros sueños, a ser valientes y a trabajar duro para alcanzar nuestras metas.

ALBERT EINSTEIN

No solo fue **un genio con los números,** ¡también tenía una melena alocada! Su famosa teoría de la relatividad, de 1905, nos hizo ver que el espacio y el tiempo son más flexibles que un chicle. ¡Nunca dejó que la ciencia le quitara el sentido del humor!

MARIE CURIE

Esta científica pionera fue la **primera persona en ganar dos premios Nobel** en diferentes ciencias: uno en Física, en 1903, y otro en Química, en 1911. ¡Una mujer valiente que nunca dejó de investigar!

LEONARDO DA VINCI

Fue un genio del Renacimiento, allá por el año 1500. Pintor, inventor y científico, **su curiosidad no tenía límites.** Aunque es más famoso por su obra *La Monna Lisa* (mira la página 40), también diseñó helicópteros y submarinos, ¡que en aquella época parecían ciencia ficción!

ELEANOR ROOSEVELT

Fue la primera dama de Estados Unidos, es decir, la mujer del presidente, entre 1933 y 1945, pero más que eso, **luchó por la dignidad humana y la igualdad.** Ayudó a escribir la Declaración Universal de los Derechos Humanos y trabajó para mejorar la vida de las personas.

MARTIN LUTHER KING

Fue un líder valiente que luchó por la igualdad y la justicia en los Estados Unidos de la década de 1960. Con su famosa frase «Tengo un sueño» (*I have a dream*), **inspiró a miles de personas a imaginar un mundo sin discriminación.** Creía en la paz y la no violencia para lograr cambios.

I have a dream!

MALALA YOUSAFZAI

Ha hecho historia al convertirse en la persona más joven en recibir un premio Nobel, el de la Paz, en 2014, con solo diecisiete años. Desde pequeña **luchó por el derecho de las niñas a la educación** en su Pakistán natal y, aunque eso la puso en peligro de muerte, nunca ha dejado de perseguir sus ideales. Su valentía y determinación demuestran que, con coraje, todo es posible, ¡incluso cambiar el mundo!

WILLIAM SHAKESPEARE

Fue un escritor increíble, **conocido por sus obras de teatro y poemas llenos de emoción.** Mientras escribía, por allá el año 1600, inventaba muchas palabras en inglés que aún se utilizan hoy en día. Sus historias sobre amor, aventura y drama, como *Romeo y Julieta* o *Hamlet,* no han perdido actualidad.

SIMONE DE BEAUVOIR

Las ideas de esta filósofa y escritora francesa del siglo XX rompieron barreras sobre la libertad de las mujeres. Cuestionó las normas sociales de su tiempo al vivir de manera independiente y **su obra es una de las más importantes en la historia del feminismo.** ¡Simone nos enseñó a pensar por nosotras mismas!

¡Que la libertad sea nuestra propia sustancia!

TRANSFORMAR EL MUNDO EN 8 INVENTOS

¿Te imaginas un mundo sin teléfono, sin internet o sin lámparas? A lo largo de la historia, algunas ideas un poco locas y muy ingeniosas han ido transformando nuestra vida. Algunos de estos inventos empezaron como algo disparatado, ¡y hoy son cosas que usamos todos los días sin pensarlo! ¡La creatividad puede cambiarlo todo!

LA ESCRITURA
(3200 A.C.)

Es como una máquina del tiempo: **permite contar historias, dejar mensajes y registrar ideas** para que duren años y años, incluso más allá de nuestra vida. Antes de la escritura, las historias, las noticias o los hechos se transmitían oralmente... ¡y quién sabe cuántos detalles se perdían en el camino!

LA RUEDA
(3500 A.C.)

La rueda **es uno de esos inventos que lo cambió todo,** ¡y de forma redonda! Sin ella, no habría bicicletas, coches ni patines. Imagina tener que cargar todo a mano o caminar durante horas para llegar a cualquier sitio.

LA IMPRENTA
(JOHANNES GUTENBERG, 1440)

Antes de este invento, los libros se copiaban a mano. Gracias a la imprenta, **los libros pudieron multiplicarse,** y de repente, todo el mundo pudo leer y aprender, ya que antes era algo reservado a unos pocos sabios.

LA MÁQUINA DE VAPOR
(JAMES WATT, 1765)

Este ingenio **supuso un empuje definitivo para la industria**. Gracias a ella, los trenes comenzaron a correr, las fábricas a producir a gran velocidad y los barcos a moverse más rápido. Antes de su invención, todo iba a un ritmo mucho más lento, pero con el vapor, ¡el mundo comenzó a ir a toda máquina!

LA ELECTRICIDAD
(FINALES DEL SIGLO XIX)

Es como el **mago invisible que hace que todo funcione**. Sin ella, estaríamos en la era de las velas y de lavar la ropa a mano. Cuando la electricidad se descubrió, el mundo se iluminó.

LA PENICILINA
(ALEXANDER FLEMING, 1928)

Antes de su descubrimiento, una simple herida podía complicarse muchísimo debido a las infecciones. Gracias a este antibiótico, **la medicina dio un gran salto y se salvaron muchas vidas.**

Le tengo ganadas tres partidas y voy a por la cuarta, pobrecito...

INTERNET
(1960–1990)

Nació como un proyecto militar diseñado para conectar ordenadores y compartir información, pero años más tarde se creó la red mundial, que comenzó a crecer. Hoy se usa para casi todo: comunicar, aprender, jugar y mucho más. Internet **hace posible conectar a las personas, las ideas y el conocimiento** a lo largo del planeta.

EL ORDENADOR
(1940–1950)

Es como un cerebro muy rápido que no tiene que comer ni dormir. Con él, podemos escribir y archivar textos, jugar, ver vídeos y hasta hablar con gente de todo el mundo sin movernos de casa.

¡JAQUE MATE! JUGAMOS AL AJEDREZ

El ajedrez es un juego que nació en la India hace más de 1 000 años y que representaba una batalla. Con él, dos jugadores se enfrentan en un reto de estrategia y paciencia. Las piezas se mueven en un tablero de 64 casillas (8 x 8), ¡pero no te dejes engañar!, un solo movimiento puede cambiar todo el panorama. Es como un gran rompecabezas, ¡pero con menos piezas perdidas bajo el sofá!

Este movimiento no me lo esperaba...

¡Toma jugada maestra!

Qué se necesita

* Un **tablero** con 64 casillas (distribuidas en 8 filas y 8 columnas), que alterna casillas blancas y negras.

* Dos conjuntos de **piezas**, uno para cada jugador, que incluyen un rey, una reina, dos torres, dos caballos, dos alfiles y ocho peones.

* Conocer las **reglas** básicas del juego para poder disfrutar de la partida.

* ¡Y, claro, un buen toque de **estrategia**!

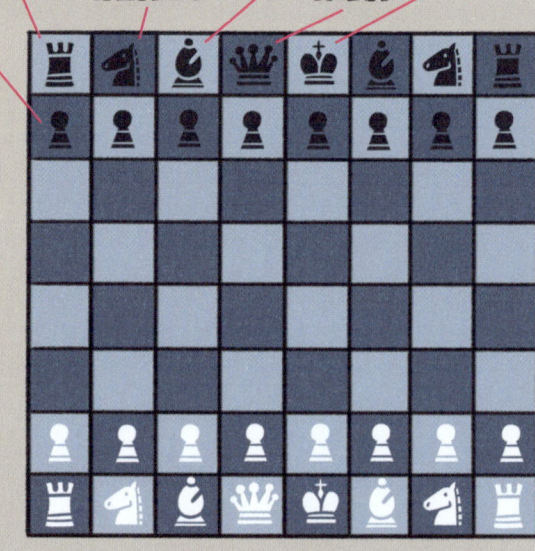

PEÓN TORRE CABALLO ALFIL REINA REY

Posición inicial del juego.

REY

Mi señor rey manda, ¡y a mí me gusta la acción!

ALFIL

Yo salto y me muevo de manera... ¡singular!

Parezco poca cosa, ¡pero soy imprescindible en ataque y defensa!

TORRE

Yo soy un poco torpe, ¡pero mis leales piezas me defienden muy bien!

REINA

En el juego original indio yo era... ¡un elefante!

CABALLO

Soy un edificio, ¡pero voy arriba y abajo sin parar!

PEÓN

Las piezas y sus movimientos

Cada una tiene su propio estilo y juega su papel en el tablero. Todas pueden capturar piezas del contrincante.

* El **rey** solo adelanta una casilla en cualquier dirección.

* La **reina** es rápida y poderosa, se mueve en línea recta, horizontal, vertical o diagonal, tantas casillas como desee.

* Los **alfiles** se deslizan en diagonal tantas casillas como deseen.

* Los **caballos** avanzan dos casillas y giran hacía un lado una casilla, como en forma de «L», y pueden saltar sobre otras piezas.

* Las **torres** se mueven en línea recta, horizontal o vertical, tantas casillas como deseen.

* Los **peones** avanzan paso a paso, pero capturan en diagonal.

El objetivo

Hay que dar jaque mate al rey del oponente, lo que significa ponerlo en una posición en la que no pueda escapar del ataque.

LEYENDAS DEL AJEDREZ

Ríe, ríe, que ya verás que no me podrás recompensar ni con todo el trigo de tu reino... ¡ni del mundo entero!

Hacer de un grano una montaña

Cuenta la leyenda que cuando se inventó el ajedrez, el rey quedó tan impresionado que quiso recompensar al sabio que lo había creado.

Este pidió una recompensa que parecía modesta: quería que le dieran solo un grano de trigo por la primera casilla del tablero, dos por la segunda, cuatro por la tercera, y así sucesivamente, duplicando la cantidad de granos en cada casilla.

Al principio, el rey pensó que era una solicitud fácil de cumplir. Sin embargo, pronto se dio cuenta de que la cantidad de granos de trigo aumentaba rápidamente. Al llegar a la última casilla, la 64, el número total de granos superaba toda la cantidad de trigo que había en el mundo: 18 446 744 073 709 551 615 granos. ¡Es una cifra increíble, asombrosa!

La derrota de un emperador

¡Nunca subestimes la creatividad de un rival!

Se cuenta que Napoleón Bonaparte, famoso por ser un gran estratega, jugó al ajedrez contra un niño que movía sus piezas de forma inusual.

Confiado en su propia habilidad, al principio Napoleón no le dio importancia. Pero el niño, con su estilo impredecible, le dio jaque mate rápidamente.

8 PAÍSES MUY CURIOSOS

¿Quieres conocer 8 países sorprendentes? ¿Tan asombrosos que parecen sacados de un cuento? Cada uno tiene algo que lo hace especial, desde paisajes que te dejarán sin aliento hasta tradiciones increíbles. ¡Viaja con nosotros y descubre qué los hace tan fascinantes!

La singular bandera de Nepal está formada por dos triángulos.

NEPAL

Este país asiático es famoso por su paisaje montañoso. ¡Aquí se encuentran las montañas más altas del mundo, como el Everest! Esta es la cima de la Tierra, con sus casi 8 900 metros de altitud. Por todo ello, Nepal es el **paraíso de los amantes de la montaña.** Además, **su bandera es muy curiosa,** ¡muy diferente de las demás!

COSTA RICA

En este **paraíso natural de América central** se encuentran más de 25 parques nacionales que protegen sus selvas tropicales, playas vírgenes y volcanes impresionantes. El país es un **refugio de vida salvaje** y belleza natural, un destino ideal para los amantes de la naturaleza y la aventura.

MALTA

Este fascinante archipiélago se encuentra en el corazón del Mediterráneo, al sur de Italia. La más famosa de sus islas se llama Malta, como el país, pero también incluye Gozo y Comino. **Estas islas son famosas por su historia y sus paisajes de ensueño,** con aguas cristalinas, playas hermosas y antiguos templos.

MONGOLIA

Es un país enorme asiático, tan alejado del mar que la distancia a la costa más cercana parece un mundo entero: ¡Nada menos que 1600 kilómetros! **Es famoso por sus enormes llanuras,** donde los caballos son parte fundamental de la cultura. Los mongoles han sido conocidos como grandes jinetes durante siglos, y los caballos son su compañero más fiel.

Paisaje de la estepa de Mongolia.

BOTSUANA

Este país del sur de África **es famoso por su extenso desierto del Kalahari,** que cubre gran parte de su territorio. Aunque es un lugar árido, el Kalahari alberga una sorprendente variedad de plantas y de vida salvaje, como leones, jirafas y elefantes. Es un lugar fascinante para los amantes de la naturaleza y la aventura, con paisajes que parecen de otro planeta, un lugar lleno de misterio y belleza.

BÉLGICA

Este país europeo es pequeño, pero con una gran diversidad lingüística. Se divide en tres zonas: la flamenca, que habla neerlandés; la valona, que habla francés; y la comunidad germánica, que habla alemán. Y en su capital, Bruselas, hay la sede de la Unión Europea. Además, Bélgica es **muy conocida por sus populares personajes de cómic, como Tintín, los Pitufos o Lucky Luke,** que allí fueron creados. ¡Un país de idiomas, historietas y mucho, mucho chocolate!

SINGAPUR

Es una ciudad–estado, lo que significa que los límites del país coinciden con los de una ciudad. **A pesar de ser un pequeño país del sudeste asiático, es una de las economías más avanzadas del mundo.** En Singapur puedes encontrar modernos rascacielos, jardines futuristas y una mezcla única de culturas, con presencia de chinos, malayos, indios y europeos.

La plaza de San Pedro, donde los peregrinos reciben la bendición del papa.

¡Bienvenidos al Vaticano!

CIUDAD DEL VATICANO

Es **el país más pequeño del mundo:** ¡solo ocupa el equivalente a 60 campos de fútbol! Está en Roma, pero es independiente y su gobierno está encabezado por el Papa, que también es el líder espiritual del catolicismo. Su historia empezó hace 2000 años, y por eso ¡la lengua de la Roma antigua, el latín, es oficial!

EL JUEGO DE LAS BANDERAS

¿Conoces las banderas? ¿Sabes a qué país pertenecen? Aquí tienes ocho banderas: piénsalo bien y di los países que representan.

1

Es la bandera de un país que está al norte de España.

2

Esta es de uno que... ¡tiene forma de bota!

3

Esta es de uno que comparte con España la península Ibérica.

4

Esta es de uno del centro de Europa, con capital en Berlín.

5

Esta es de un país de América, formado por 50 estados.

6

Esta es del país asiático donde hay una Gran Muralla.

7

Esta es de un país de América del Sur, conocido por un baile, la samba, y el fútbol.

8

Esta es de un país de Europa oriental y Asia, el más extenso del mundo.

* Encontrarás las respuestas en la página 45.

¡ENTRENA TU MENTE!

Los tres amigos y sus juguetes

Tres amigos, Juan, Ana y Pedro, tienen juguetes diferentes:
una pelota, un coche y una muñeca. Aquí están las pistas:

Juan dice: «No tengo la pelota».

Ana dice: «Yo tengo el coche».

Pedro dice: «Yo no tengo la muñeca».

¿Quién tiene cada juguete?

¡ENCUÉNTRALOS!

En el cuadro, busca estos
8 países, que pueden estar
en cualquier dirección:
horizontal, vertical o
diagonal. ¡Diviértete
encontrándolos! Países:
**Canadá, Argentina, Alemania,
Japón, Egipto, Italia, Corea,
Australia.**

C	A	N	A	D	A	T	G	O	R
A	R	G	E	N	T	I	N	A	C
A	L	E	M	A	N	I	A	O	R
E	G	I	P	T	O	R	R	C	S
M	K	A	D	B	R	E	F	J	R
A	R	D	U	J	A	P	O	N	E
N	I	U	M	T	E	O	P	L	A
I	A	U	M	O	D	E	I	S	E
A	U	S	T	R	A	L	I	A	K
X	I	T	A	L	I	A	B	E	C

¡A trabajar!

Relaciona cada
profesión con la
herramienta que
utiliza.

1. Carpintera
2. Médico
3. Pintora
4. Cocinero
5. Bombera

Estetoscopio
Pinceles
Manguera
Martillo
Cuchara

Encontrarás las respuestas en la página 45.

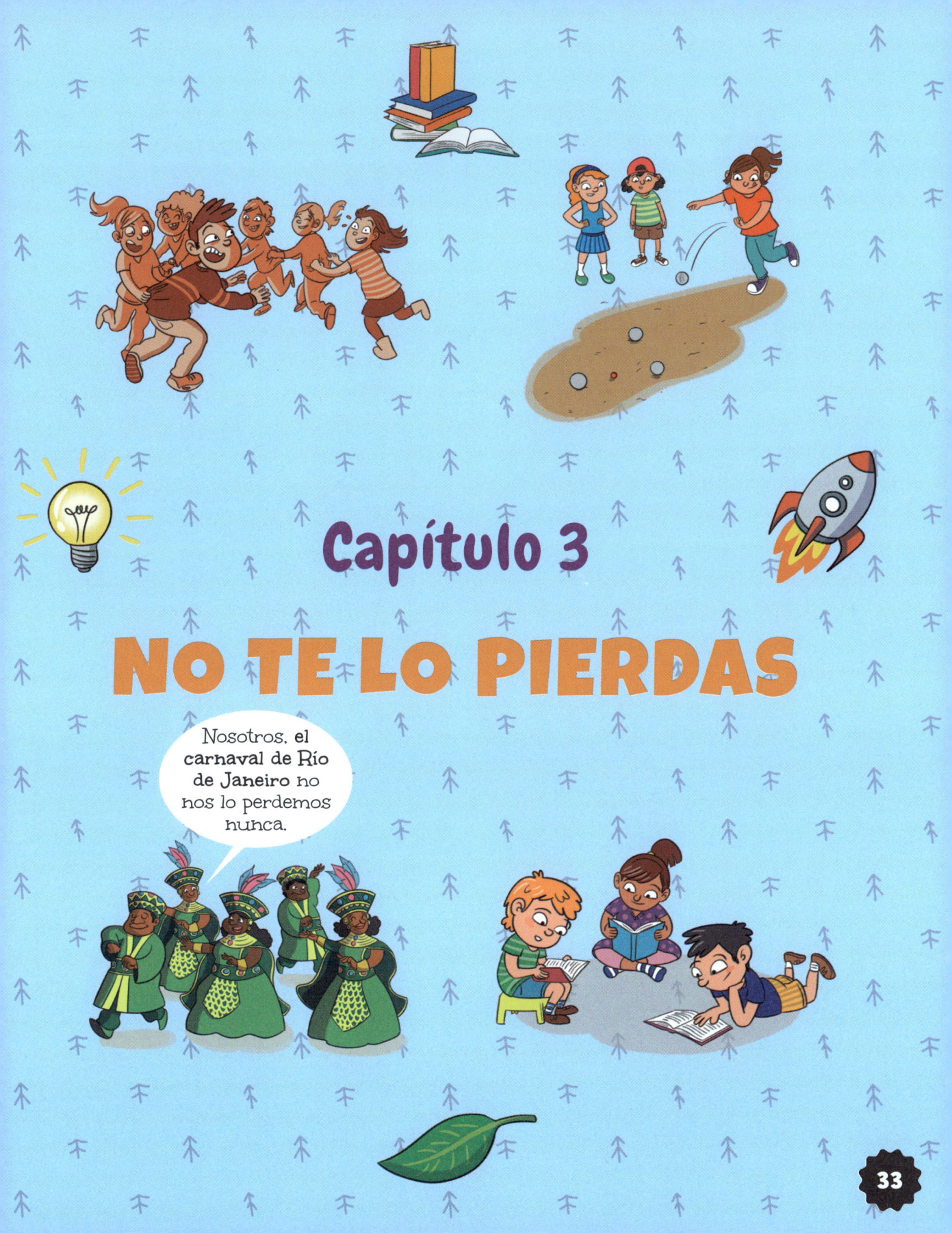

Capítulo 3

NO TE LO PIERDAS

Nosotros, el **carnaval de Río de Janeiro** no nos lo perdemos nunca.

8 GRANDES FIESTAS

¡Prepárate para un viaje alrededor del mundo lleno de colores, risas y tradiciones increíbles! Cada festividad tiene algo especial. ¿Estás listo para descubrir cómo se celebran las fiestas en diferentes países? ¡Vamos a explorarlas y a sorprendernos con lo que cada cultura tiene para ofrecer!

Estamos tan metidos en el baile que creo que nos hemos ido hacia una calle que no forma parte del recorrido...

Una comparsa del carnaval.

DIWALI
(INDIA)

También conocida como el «Festival de las Luces», con esta fiesta los indios **celebran la victoria del bien sobre el mal** encendiendo lámparas y fuegos artificiales, además de compartir dulces y regalos.

CARNAVAL
(BRASIL)

¡El Carnaval es una fiesta llena de color y diversión! Se celebra en muchos países, pero sobresale el de Río de Janeiro, en Brasil. **Las calles se llenan de desfiles, música y bailes, y las personas se visten con disfraces increíbles.** ¡Es como un gran espectáculo! En Río son famosas las carrozas gigantes y el baile, la samba. ¡Es pura alegría!

AÑO NUEVO
(CHINA)

Es una de las festividades más importantes de China. Se celebra con grandes desfiles, música, danzas del dragón y fuegos artificiales. Las familias se reúnen, hacen comidas especiales y **se desean suerte para el nuevo año.**

HALLOWEEN
(ESTADOS UNIDOS)

En esta fiesta, que se celebra el 31 de octubre, **los niños se visten de monstruos, brujas o personajes divertidos, y van de casa en casa pidiendo dulces.** Aunque comenzó en Estados Unidos, ahora se celebra en muchos países.

DÍA DE LOS MUERTOS
(MÉXICO)

Esta festividad mexicana **honra a los seres queridos que han fallecido.** Se celebra el 1 y 2 de noviembre, cuando las familias crean altares llenos de flores, velas, fotos y comida para recordar y celebrar la vida de los difuntos.

RAMADÁN
(PAÍSES ISLÁMICOS)

Durante el Ramadán, **mes sagrado del Islam,** los musulmanes ayunan desde el amanecer hasta el atardecer. Durante este tiempo, se enfocan en la reflexión, la oración y la caridad. Acaba con una gran celebración, un día lleno de comida, regalos y reuniones familiares.

NAVIDAD
(TODO EL MUNDO)

Se celebra el 25 de diciembre y es una de las fiestas más esperadas del año. **Las familias se reúnen, decoran el árbol de Navidad, cantan villancicos y se intercambian regalos.** Aunque tiene un origen religioso, hoy en día es una festividad llena de tradiciones en muchos países alrededor del mundo.

Día de San Jorge en Barcelona.

¡Qué contento estoy con el libro! Pero yo también quiero una rosa...

DÍA DEL LIBRO
(TODO EL MUNDO)

Celebrado el 23 de abril, el Día del Libro **honra la lectura y la escritura.** En Cataluña, esta fecha es muy especial, ya que se celebra el día de San Jorge (Sant Jordi), y según la tradición se regalan libros y rosas. Las calles se llenan de paradas y actividades literarias para fomentar el amor por los libros (y ahora ¡mira la página siguiente!).

¡LOS LIBROS SON LO MÁS!

8 EJEMPLOS

Aquí tienes una guía para adentrarte en un mundo lleno de aventuras, magia y risas. Con estos relatos harás volar tu imaginación y, por supuesto, ¡te divertirás un montón! Desde superhéroes traviesos hasta niños con habilidades sorprendentes, cada página te llevará a un lugar nuevo y emocionante.

La casa mágica del árbol, de Mary Pope Osborne

Es una serie de aventuras en la que dos hermanos, Jack y Annie, descubren una casa en un árbol que resulta mágica. Cada vez que suben, viajan a diferentes lugares y épocas, en las que viven **emocionantes historias llenas de misterios y desafíos.** ¡Cada libro es una nueva y asombrosa aventura!

El diario de Greg, de Jeff Kinney

Greg Heffley es **un niño que intenta sobrevivir a la escuela y a la vida cotidiana.** A través de su diario, Greg nos muestra sus problemas, nos permite conocer a sus amigos y familia, y revela que se enfrenta a las situaciones más cómicas y embarazosas. ¡Una divertida mirada a la vida de un niño que no puede evitar meterse en líos!

El fantástico Sr. Fox, de Roald Dahl

Una divertida **historia sobre un zorro muy astuto que siempre encuentra una forma de burlar a tres malvados granjeros.** Con su ingenio y valentía, el Sr. Fox planea un gran robo para alimentar a su familia. ¡Es una aventura llena de risas y trampas ingeniosas!

Precisamente así, de Rudyard Kipling

Divertida recopilación de cuentos que **explica, de manera fantástica, cómo los animales obtuvieron sus características.** ¿Cómo consiguió el camello su joroba? ¿Por qué el elefante tiene una trompa tan larga? Con mucha imaginación y humor, estas historias responden preguntas absurdas de forma muy ingeniosa.

El increíble niño comelibros, de Oliver Jeffers

Érase una vez un niño con una habilidad peculiar: ¡comía libros! No los leía, los devoraba literalmente. Al principio disfrutaba mucho, pero pronto se dio cuenta de que lo que le llenaba no era comerlos, sino lo que aprendía de ellos. Una divertida **historia sobre cómo un niño descubre que la lectura es la verdadera «comida» para su imaginación.**

El Capitán Calzoncillos, de Dav Pilkey

Jorge y Berto son dos niños que crean un superhéroe muy peculiar: ¡El Capitán Calzoncillos! Con sus calzoncillos por fuera y una capa improvisada, **combate a los villanos con humor y un montón de locuras.** ¡Es una aventura llena de risas, caos y mucha diversión!

El diario de Lerdus Maximus, de Tim Collins

La historia de los torpes se remonta a lo más antiguo, ¡hasta la Roma clásica! En este caso, seguimos a **un joven romano que, con sus despistes, siempre se mete en líos.** A través de su diario, nos cuenta sus cómicas y desastrosas aventuras, donde siempre acaba aprendiendo, pero de la manera más divertida y caótica.

Tintín, de Hergé

¡No vamos a olvidar los cómics! En esta serie, **un joven reportero viaja por el mundo con su perro Milú,** descubriendo países y personajes. Desde averiguar secretos hasta enfrentarse a villanos, sus aventuras están repletas de situaciones cómicas, misteriosas ¡e incluso científicas! Con un poco de suerte, mucho ingenio y sus amigos, Tintín consigue salir de los problemas.

8 JUEGOS DEL MUNDO ENTERO

¿Te atreves a viajar con tu imaginación y descubrir cómo se divierten los niños en diferentes países? Desde carreras llenas de adrenalina hasta juegos tranquilos de precisión, cada cultura tiene sus propias formas de pasar un buen rato. ¡Vamos a jugar y aprender juntos!

¡Ay, ay! ¡Que me pilla!

CABEZA DE DRAGÓN
(ASIA)

Este divertido juego tradicional chino se juega en grupo. Los jugadores forman una fila, cogidos de la cintura del que está delante. El niño que va al frente representa la cabeza del dragón, y la última persona es la cola. **El objetivo es que la cabeza intente atrapar la cola sin que se rompa la fila.** ¡Es un juego lleno de risas y mucha acción!

MARCO POLO
(AMÉRICA DEL NORTE)

Un juego popular en las piscinas de Estados Unidos. **Un niño, con los ojos cerrados, debe encontrar a los demás** jugando al grito de «¡Marco!» y los demás responden «¡Polo!» mientras se mueven.

LOTERÍA
(AMÉRICA LATINA)

En América Latina, este juego de cartas con imágenes y un tablero es como un bingo, pero con dibujos. **Los niños deben identificar y marcar las imágenes que se van cantando.** ¡El primero en completar una fila gana!

KHO–KHO
(ASIA)

Muy popular en la India, es un **juego de persecución** donde un equipo corre mientras trata de evitar ser tocado por el otro. Los jugadores deben ser rápidos y muy astutos, ¡y todo se resuelve con velocidad y un gran trabajo en equipo!

PATINTERO
(ASIA)

Un emocionante juego tradicional filipino en el que **dos equipos deben correr a través de un conjunto de líneas** mientras intentan evitar ser tocados por los jugadores rivales. Es un desafío de agilidad y estrategia, perfecto para jugar al aire libre con mucha energía.

Ojo que esta sabe de qué va la cosa...

¡Allá va! A ver si me pego al boliche...

PETANCA
(EUROPA)

La petanca es un juego que suena más serio de lo que realmente es. **El objetivo es lanzar bolas cerca de otra bola más pequeña** llamada boliche. Parece fácil, pero el reto está en no tirar las bolas demasiado lejos... Se requiere mucha precisión, ¡pero la diversión está asegurada!

BUROIJIN
(OCEANÍA)

En este juego, tradicional de las islas Salomón, dos equipos se enfrentan. **Se trata de mantener una pelota en el aire,** pasándola entre los miembros del mismo equipo. El objetivo es mantener la pelota en juego el mayor tiempo sin que los rivales la atrapen.

NGUNI
(ÁFRICA)

Se trata de un **juego de pelota en el que deben lanzarla y atraparla sin dejar que toque el suelo.** Es un juego que involucra reflejos rápidos y mucha coordinación, ideal para jugar al aire libre.

8 CIUDADES QUE NO TE PUEDES PERDER

Hay ciudades en el mundo que son impresionantes y que debes visitar aunque sea con la imaginación. Desde lugares llenos de historia y cultura hasta metrópolis modernas y vibrantes, cada ciudad tiene algo único que ofrecer. ¡No te pierdas estos fantásticos sitios!

> Algún día saldré del cuadro para ver la torre Eiffel, que dicen que es tan bonita...

La *Monna Lisa* (o *La Gioconda*), de Leonardo da Vinci, en el museo del Louvre de París. A su lado, por la ventana, la famosa torre Eiffel.

LONDRES

Esta ciudad europea, **capital de Inglaterra** y antigua metrópoli de un gran imperio colonial de los siglos XIX y XX, está situada al sur de Gran Bretaña, la mayor de las islas Británicas. Es famosa por sus antiguos monumentos, como el Big Ben, y por sus estructuras modernas, como el London Eye (Ojo de Londres), una noria gigante para ver la ciudad desde el cielo. Además, si eres fan de Harry Potter, puedes visitar el Andén 9¾ en la estación de King's Cross.

PARÍS

¡Bienvenidos a la Ciudad de la Luz! París, **capital de Francia,** es famosa por su Torre Eiffel, pero también por sus calles llenas de arte, historia y cultura. En el Louvre, uno de sus importantes museos, hay el famoso cuadro de Leonardo da Vinci, la *Monna Lisa*. Aquí se disfruta de la comida: en sus cafeterías puedes probar cruasanes crujientes, baguettes doradas, y los *macarons*, un tipo de galletas que son como pequeños bocados de felicidad.

La Ciudad Prohibida de Pekín desde la plaza Tiananmén.

¡Pa ta ta!

PEQUÍN

En Pekín, la **capital de China,** puedes explorar la Ciudad Prohibida, el antiguo palacio de los emperadores. Y no puedes perderte la plaza de Tiananmén, una de las más grandes del mundo. Además, aquí encontrarás deliciosa comida callejera, como las famosas tortitas de pato Pekín.

ROMA

También conocida como la Ciudad Eterna, Roma, **capital de Italia,** fue el corazón del Imperio romano, por eso es un lugar lleno de historia. ¿Sabías que aquí se encuentra el Coliseo, donde los gladiadores luchaban hace casi 2 000 años? También puedes visitar el Panteón, un templo antiguo que sigue en pie, y la famosa Fontana di Trevi, donde dicen que, si tiras una moneda, ¡volverás a Roma!

ESTAMBUL

Esta **ciudad turca** une Europa y Asia, ¡la única en el mundo que se encuentra en dos continentes! Es conocida por sus hermosos palacios, como el Topkapi, y por la impresionante Santa Sofía, que fue iglesia, mezquita y ahora museo. Además, su bullicioso Gran Bazar, donde siempre hay algo nuevo que descubrir, te hará sentir como en una película de aventuras.

TOKIO

La **capital de Japón** es una de las ciudades más grandes del mundo: ¡tiene más habitantes que muchos países! Aquí verás rascacielos altísimos, templos antiguos como el Senso-ji, y disfrutarás de la famosa comida japonesa, con el sushi como plato estrella. Además, Tokio es un paraíso para los amantes de la tecnología y los videojuegos. ¡Una mezcla única de lo moderno y lo tradicional!

NUEVA YORK

¡La ciudad que nunca duerme! Nueva York, **situada en la costa atlántica de Estados Unidos,** es famosa por sus rascacielos, como el Empire State Building, o por la Estatua de la Libertad, que da la bienvenida a los que a ella llegan. Pero no todo es cemento y cristal, también tiene Central Park, un enorme pulmón verde en medio de la ciudad. Además, Nueva York es muy conocida por la infinidad de películas que se han rodado en sus calles.

¡Ilumino al mundo con mi antorcha, ¡para que sea libre!

EL CAIRO

El Cairo es la vibrante **capital de Egipto,** ¡y está lleno de historia! Desde aquí se llega fácilmente a la Gran Pirámide de Giza, una de las siete maravillas del mundo antiguo. En la ciudad también puedes explorar el increíble Museo Egipcio, donde se encuentran los tesoros de los faraones.

EL JUEGO DE LAS CAPITALES

Ya has visto algunas de las capitales más conocidas: París, capital de Francia; Londres, de Inglaterra; Roma, de Italia... Pero atrévete a jugar con otras ciudades y aprender de qué país son capital.

Une las ocho capitales con su país:

1. Viena	A. Marruecos
2. Washington	B. Irlanda
3. Dublín	C. Brasil
4. Moscú	D. Austria
5. Brasilia	E. Estados Unidos
6. Lima	F. Portugal
7. Rabat	G. Perú
8. Lisboa	H. Rusia

* Encontrarás las respuestas en la página 45.

¡TAMBIÉN ESTÁ EN TU MANO!

A los 8 años, ya estás listo para entender cómo podemos ayudar al planeta, ser amables con los demás ¡y hasta cambiar algunas cosas con nuestras ideas! Cada acción cuenta.
Y para eso, aquí te damos ocho pistas...

CAMBIO CLIMÁTICO

Causado por la contaminación de fábricas y coches, **es como si la Tierra estuviera enfermando: se calienta más de la cuenta** y hay lluvias torrenciales. Si cuidamos el planeta, podemos ayudar a que se recupere. ¡Manos a la obra!

¡Cierra la ventanilla, que con tanto humo apesta!

DERECHOS HUMANOS

Todos los seres humanos, solo por el hecho de existir, tenemos derechos. **No importa origen, género o religión: todos somos iguales** y merecemos ser tratados con dignidad.

POLÍTICA

¿Es necesario construir más autopistas? ¿La gente que duerme en la calle tiene derecho a una vivienda? Para resolver estas preguntas **la ciudadanía elige a unos representantes, que se reúnen en los parlamentos,** y deciden qué hacer. Eso es la política.

MASCOTAS Y ANIMALES

Ayudar a a los animales, darles de comer y, sobre todo, ser amables con ellos, es algo que todos debemos hacer. Recuerda: **un animal feliz también hace feliz a quien lo cuida.**

LA LEY

Para poder vivir juntos en paz, **necesitamos reglas claras que nos ayuden a saber cómo debemos actuar, qué está permitido y qué no.** Estas reglas son las leyes, fundamentales para evitar conflictos entre las personas.

DEMOCRACIA

Es un sistema de gobierno en el que **las personas tienen el poder de tomar decisiones sobre cómo se organiza un territorio.** Esto lo hacen a través del voto, eligiendo a sus representantes o votando en referéndums. En una democracia, todos tienen derecho a opinar y a ser escuchados.

¡Todos para uno y uno para todos!

¡Unidos por un mundo mejor!

Yo no estoy de acuerdo.

RESPETAR LA DIVERSIDAD

Significa aceptar que cada persona es única. Esto incluye **respetar la diversidad de lenguas, culturas, opiniones, religiones, colores de piel y también el género.** ¡La diversidad hace que el mundo sea interesante y lleno de posibilidades!

TECNOLOGÍA

Vivimos en un mundo lleno de avances tecnológicos. Internet, por ejemplo, nos conecta con personas alejadas y facilita el trabajo en las empresas. Sin embargo, **debemos tener cuidado con lo que compartimos en línea y ser respetuosos con los demás.**

8 SOLUCIONES

PÁGINA 31
El juego de las banderas

1. Francia
2. Italia.
3. Portugal.
4. Alemania.
5. Estados Unidos.
6. china.
7. Brasil.
8. Rusia.

PÁGINA 32
Los tres amigos y sus juguetes

Ana tiene el coche (pista 2), y Juan no puede tener la pelota (pista 1), lo que significa que Pedro tiene la pelota.

Si Pedro tiene la pelota, entonces Juan debe tener la muñeca.

Solución Final:

Juan tiene la muñeca.
Ana tiene el coche.
Pedro tiene la pelota.

¡Encuéntralos!

C	A	N	A	D	A	T	G	O	R
A	R	G	E	N	T	I	N	A	C
A	L	E	M	A	N	I	A	O	R
E	G	I	P	T	O	R	R	C	S
M	K	A	D	B	R	E	F	J	R
A	R	D	U	J	A	P	O	N	E
N	I	U	M	T	E	O	P	L	A
I	A	U	M	O	D	E	I	S	E
A	U	S	T	R	A	L	I	A	K
X	I	T	A	L	I	A	B	E	C

¡A trabajar!

Carpintera – Martillo
Médico – Estetoscopio
Pintora – Pinceles
Cocinero – Cuchara
Bombera – Manguera

PÁGINA 42
El juego de las capitales

1-D, 2-E, 3-B, 4-H, 5-C, 6-G, 7-A, 8-F.